Género Fantasía

I0901324

¿? Pregunta esencial

¿Cómo se ayudan los amigos?

Nuestro bosque

Sebastián Olaso
ilustrado por Kristin Sorra

Capítulo 1

El árbol

A Andrés le gustaba mucho el bosque. Allí podía escuchar el canto de los pájaros.

Pero un día, al llegar a un río, se dio cuenta de que estaba perdido.

Es que Andrés nunca había visto ese río. Caminó un poco hacia un lado. Caminó otro poco hacia otro lado. Todo el paisaje le parecía igual. Ahora tendría que encontrar el modo de regresar a casa.

Se acomodó a la sombra de un árbol. Tenía que pensar.

—¿Puedo ayudarte en algo? —dijo una voz.

Pero Andrés no veía nada. ¿Quién había hablado?

—Aquí estoy, querido amigo, soy el árbol. ¿Tienes algún problema?

Sí, Andrés tenía un problema. Necesitaba regresar a casa.

—No puedo acompañarte —dijo el árbol—. Mis raíces no me permiten moverme.

El árbol hizo batir sus ramas. Andrés se sorprendió.

—¿Qué haces? —dijo.

—Estoy llamando a mi amigo el conejo.

Capítulo 2

El conejo y el cisne

El conejo apareció de inmediato.

—Querido conejo. Mi amigo Andrés está perdido. ¿Puedes ayudarlo a salir del bosque?

El conejo se rascó la melena y dijo:

—Con todo gusto.

Andrés y el conejo caminaron por un sendero solitario. Cuando llegaron a la orilla del río, Andrés dijo:

—Aquí es donde me perdí.

—Cuando cruces el río ya estarás cerca de tu casa.

Entonces el conejo hizo un sonido extraño con los dientes.

—¿Qué haces? —dijo Andrés.

—Yo no puedo cruzar el río. Estoy llamando al cisne.

Detective del lenguaje	La oración subrayada, ¿es enunciativa o interrogativa? ¿Cómo lo sabes?

El cisne llegó muy alegre.

—¿Me has llamado?

—Mi amigo Andrés debe cruzar el río. ¿Puedes ayudarlo?

El cisne se acurrucó para protegerse del frío y dijo:

—Con todo gusto.

—Gracias, amigos —dijo Andrés—. Dependo de ustedes para regresar a casa.

—¿Llevarás a Andrés hasta la otra orilla? —preguntó el conejo.

—Haré más que eso —dijo el cisne.

Andrés se montó sobre su lomo y navegaron hasta el centro del río.

Entonces, el cisne alzó vuelo.

Ya en el aire, el cisne hizo un círculo y recorrió el bosque. Andrés estaba tan emocionado, que su pierna se atascó con una pluma del cisne.

Pasaron cerca del conejo.

—¡Adiós, amigo conejo! —dijo Andrés desde el aire—. Estoy muy agradecido por tu buena acción.

Y el conejo lo saludó con movimiento de orejas.

Pasaron cerca del árbol.

—¡Adiós, amigo árbol! —dijo Andrés desde el aire.

Y el árbol lo saludó con una brisa fresca.

Unos minutos después, Andrés señaló una casita pequeña y colorida.

—¡Esa es mi casa! —dijo con entusiasmo.

El cisne se posó suavemente en el patio de la casa de Andrés.

—¡Adiós, amigo cisne! —dijo Andrés—. Te estoy muy agradecido.

El cisne acercó su cuello al oído de Andrés y dijo:

—No te diré "adiós". Nos veremos muy pronto.

Capítulo 3

Vamos al bosque

Unos días después, Andrés escuchó un silbido alegre junto a su ventana.

Se asomó sorprendido, y vio al cisne.

—Buenos días, querido Andrés. El árbol y el conejo quieren jugar contigo. ¿Tienes ganas de venir a nuestro bosque?

Detective del lenguaje	Algunas oraciones terminan con punto (.). ¿Puedes hallar otro signo de puntuación en esta página?

—¡Claro, amigo cisne! Iré a tu bosque y jugaremos todos juntos.

—No es mi bosque —dijo el cisne—. También es tu bosque.

Andrés y el cisne volaron hacia el bosque. El cielo azul anunciaba un día feliz.

Y fue un día feliz para Andrés y sus amigos.

Todas las semanas, el cisne pasaba a buscar a Andrés. ¡Cómo se divertían! ¡Qué alegres que eran los juegos que organizaban!

Un día, mientras Andrés esperaba al cisne, se desató una tormenta.

¡Qué lástima! Hoy Andrés no podría visitar a sus amigos.

Pero un rato después Andrés escuchó el silbido del cisne.

—¡Vamos, amigo! —dijo el cisne—. Ya verás qué divertido que es nuestro bosque cuando llueve.

Sobre el lomo, el cisne llevaba un impermeable y un paraguas para Andrés.

—¡Claro que iré! —dijo Andrés muy feliz.

Y juntos volaron hacia el bosque.

Respuesta a la lectura

Resumir

Usa detalles como ayuda para resumir *Nuestro bosque.*

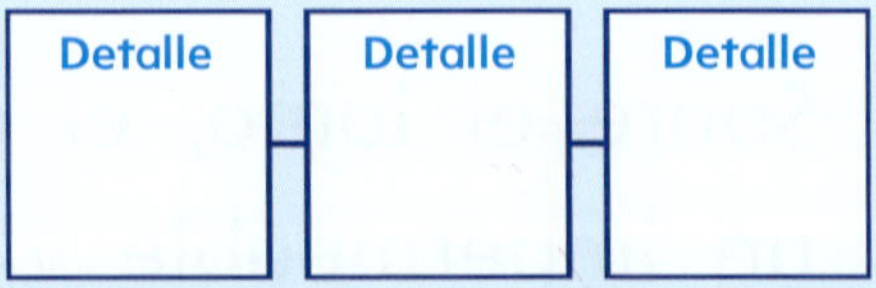

Evidencia en el texto

1. ¿Cómo sabes que *Nuestro bosque* es una fantasía? **Género**

2. Usa detalles para explicar por qué el conejo llama al cisne. **Detalles clave**

3. Separa la raíz y la terminación para definir *llamando* en la página 5. **Terminaciones de palabras**

4. ¿Cómo sabes que el árbol, el conejo y el cisne son buenos amigos de Andrés? Explica por qué. **Escribir sobre la lectura**

Género **Poesía**

Compara los textos

Lee acerca de dos amigos que se ayudan.

Juntos

Virginia Segret Mouro

Illustration: Martha Aviles

Pedrito y Simón, amigos de veras,
atienden el parque en la primavera.
Recogen las hojas con gran atención.
El parque está listo. ¡Qué emoción!

Disfrutan la tarde jugando al balón.

Pedro salta y ríe. Lo mismo, Simón.

Más tarde, felices, plantan las semillas.

Crecerán los árboles. ¡Ay, qué maravilla!

Pedrito y Simón,

esta primavera,

¡son dos jardineros

amigos de veras!

Haz conexiones

¿Cómo se ayudan Pedrito y Simón?

Pregunta esencial

¿En qué se parecen los personajes de *Nuestro bosque* y los de *Juntos*?

El texto y otros textos

Illustrations: Martha Aviles

Enfoque:

Género

Fantasía Un cuento de fantasía tiene personajes, ambientes o sucesos que no existen en el mundo real. También tiene dibujos que muestran esos personajes.

Lee y descubre Los animales en *Nuestro bosque* pueden hablar. Los animales del mundo real no pueden hablar.

Tu turno

Crea un cuento de fantasía. Piensa en personajes que no existan en el mundo real. Luego, haz que esos personajes enfrenten desafíos. Tu cuento tendrá un principio, un desarrollo y un final. Dibuja a tus personajes.